갓톡(GOD talk) 청소년 성경공부 시리즈4 (학생용)

마귀는 차단해요!

갓톡(GOD talk) 청소년 성경공부 시리즈4 (학생용)

마귀는 차단해요!

초판 1쇄 발행 | 2018. 12. 10
초판 1쇄 인쇄 | 2018. 12. 10
지은이 | 박태용
펴낸이 | 박미옥
펴낸곳 | 맑은하늘
편 집 | 이지선
교 정 | 김세배
일부 총판 | 비전북 (031) 907-3927
등 록 | 제 679-30-00201호(2016. 8.11)
주 소 | 부천시 원미구 중동 1289번지 팰리스카운티 아이파크상가 3층
전 화 | (032) 611-7578
팩 스 | (032) 343-3567
도서 출간 상담 | E-mail:chmbit@hanmail.net
Homepage | www.cjesus.co.kr

ISBN : 979-11-88790-15-9 (04230)
ISBN : 979-11-958718-8-9 (세트)

정가 : 2,800원

저자 박태용 목사님은,
총신대학교 신학과와 신학대학원에서 신학을 공부하였다. 청년목회자연합의 월간 큐티집인 '큐티진'의 주 집
필자로 10년 넘게 사역을 하면서, 독자들에게 성경 전체를 해설해주고 그들 스스로 묵상할 수 있도록 돕는 글
을 써왔다. 또한 다수의 설교사전, 성경주석, 예화집 등의 작업에 참여한 문서사역자다. 현재 평택예향교회 담
임목사로 섬기고 있으며, 아내 김혜연 사모와 자녀들(샤론, 성주)과 더불어 행복한 가정을 일구고 있다. 하나
님의 은혜 아래, '좋은 남편, 좋은 아빠, 좋은 목사가 되기를 꿈꾸며 노력하는 중이다.

갓톡(GODtalk) 시리즈 ver **4**

마귀는 차단해요!

박태용 목사

맑은하늘

요즘 중고등 학생들을 보면, 카톡을 참 많이 합니다. 어떤 아이들은 거의 하루 종일 핸드폰을 손에서 놓지 않고 하는 경우도 봅니다. 한손으로 핸드폰을 쥐고 얼마나 빨리 글자를 입력하는지, 그 신기에 가까운 속도에 깜짝 놀랄 때가 많습니다.

물론 사람들과 서로 소통하는 것이니, 여러 가지 좋은 점들이 많이 있겠지요. 그런데 그런 모습들을 지켜보면서, '하나님과 저렇게 늘 가까이 소통하면 얼마나 좋을까?'라는 안타까운 마음이 들었습니다. 그래서 '하나님과의 카톡'이라는 의미의, '갓톡(God-Talk)' 시리즈를 구상해보게 되었습니다.

시리즈의 4권은 '마귀는 차단해요.'라는 주제입니다.

카톡에는 차단 기능이 있어서 원하지 않는 사람과는 접속을 차단할 수 있지요. 마찬가지로 마귀가 우리에게 접속할 수 없도록 철저하게 차단해야 한다는 개념입니다.

베드로전서 5:8-10절 말씀을 보면 "근신하라 깨어라 너희 대적 마귀가 우는 사자 같이 두루 다니며 삼킬 자를 찾나니 너희는 믿음을 굳건하게 하여 그를 대적하라 이는 세상에 있는 너희 형제들도 동일한 고난을 당하는 줄을 앎이라 모든 은혜의 하나님 곧 그리스도 안에서 너희를 부르사 자기의 영원한 영광에 들어가게 하신 이가 잠깐 고난을 당한 너희를 친히 온전하게 하시며 굳건하게 하시며 강하게 하시며 터를 견고하게 하시리라"라고 했습니다.

마지막 때가 가까이 올수록 마귀도 자기 때가 다 된 줄 알고, 더욱 발악을 합니다. 마치 우는 사자처럼 삼킬 자를 찾아 달려듭니다.

이럴 때 정신을 바짝 차리지 못하면 마귀의 사냥감이 되고 맙니다. 우리는 더욱 근신하며 깨어 있어야 합니다. 믿음에 굳게 서서 마귀를 대적해야 합니다. 악한 마귀가 아무리 시험해도, 깨어 기도하는 여러분에게 하나님의 은혜가 늘 함께 하시기를 축복합니다. 하나님의 은혜는 능히 여러분을 온전하게 하고 굳건하게 하며 강하게 하고 견고하게 하실 줄 믿습니다.

저자, 평택 예향교회 담임 박태용 목사

Contents

교재의 구성과 사용법

청소년 성경공부 시리즈 갓톡(GODtalk) 시리즈는 친한 친구와 정겹게 카톡하며 소통하듯 말씀으로
하나님과 소통하며 아름다운 교제와 나눔을 가질 수 있도록 구성된 청소년 성경공부 교재이다.

[제목]
매 과의 주제 제목이다.

[가다듬기]
각 과의 공과 목표이자 배워야 할 내용
을 말한다.

[마음열기]
[마음열기]에는 매주 관련있는 감동적인
예화나 생각해 볼 내용이 수록되어 있다.
수록된 내용을 읽고 서로 자연스럽게 토
론하고 대화를 나누는 시간이다.

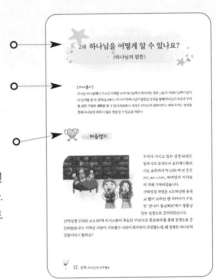

[하나님과 갓톡해요]
'카톡'이 아닌 '갓톡'(GODtalk)이다.
현대생활에 뗄 수 없는 소통도구인 '카톡'
에서 아이디어를 얻어 '갓톡'이란 명칭을
사용하였다.
하나님과 소통하고 대화한다는 설정으
로 하나님이 본문과 관련된 질문을 하시
면 학생들이 자신의 생각을 답변하는 식
이다.
노란 대화창에 자신의 생각이나 답변을
기록하면 된다.

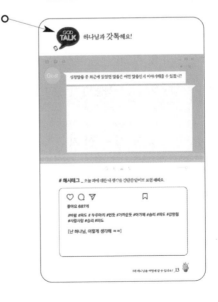

[헤시태그]
많이 사용하는 SNS에서 힌트를 얻었는데 매 과마다 공과공부를 하면서 틈틈이 본 과를 배우며 생각나는 단어들을 기록해 보도록 한다.

[말씀살피기]
배워야 할 주제에 맞춘 성경 본문과 질문이 기록되어 있다.
교사의 지도에 따라 기록된 본문 말씀을 충실히 묵상하고 깊이 생각해본다.
그렇게 본문말씀을 읽고 정해진 시간에 질문에 답을 찾아 기록한다.
중심이 되는 말씀과 그에 대한 중요한 질문에 답을 찾음으로 성경 말씀에서 주는 교훈이 무엇인지 확실히 깨닫도록 한다.

[나누고 실천하기]
[나누고 실천하기]는 배운 말씀을 나누고 소통하며 생활에 적용하고 실천하는 과정이다. 질문을 잘 읽어보고 적절한 답을 기록해보자.
선생님과 학생들간에 서로 답변하고 의견을 교환하면서 배운 말씀을 나누고 실천하도록 노력한다.

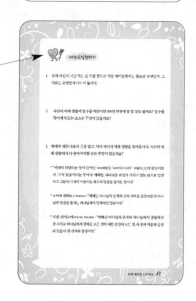

1과 마귀 출입 금지

[가다듬기]

악한 마귀는 항상 우리들의 마음속에 파고 들어와 우리의 마음이 하나님으로부터 멀어지고 죄로 향하도록 유혹한다. 마귀가 우리 마음에 들어오지 못하게 하려면 어떻게 해야 할지 살펴보자.

마음열기

사탄(대적하는 자)은 원래 천사장이었는데, 스스로 교만해져서 자신이 하나님처럼 되고자 했던 자입니다(사 14:12-15; 유 1:6). 그는 일부 천사들을 유혹해서 하나님을 대적하고자 했고, 그 결과 하나님을 섬기는 고귀한 직분을 박탈당한 채 천상에서 추방되었습니다. 그 후 사탄과 그를 우두머리로 하는 타락한 천사들(악령, 귀신들)은 지상으로 내려와 사람들을 유혹하여 하나님을 대적하게 만드는 일을 계속하고 있습니다. 하나님께서는 예수 그리스도를 보내 주셔서 하나님의 나라(통치)가 임하게 하셨고, 악한 사탄의 나라(통치)로부터 우리를 구원해주셨습니다. 사탄과 그의 졸개들인 악한 영들은 사람보다는 큰 능력을 가지고 있지만, 전능하신 하나님의 능력 앞에서는 꼼짝을 할 수 없습니다. 다시 오실 예수님은 그들에게 최후 승리를 거두시고(계 20:1-3), 그들을 영원한 지옥 불에 던져 심판하실 것입니다(계 20:10).

하나님과 갓톡해요!

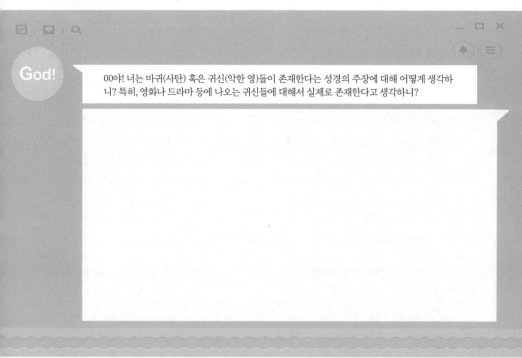

God! 00야! 너는 마귀(사탄) 혹은 귀신(악한 영)들이 존재한다는 성경의 주장에 대해 어떻게 생각하니? 특히, 영화나 드라마 등에 나오는 귀신들에 대해서 실제로 존재한다고 생각하니?

 # 해시테그 _ 오늘 과에 대한 내 생각을 간단한 단어로 표현해봐요.

매주마다
생각나는 단어들을
자연스럽게 적어보세요

♡ ◯ ◁   🔖

좋아요   개

#존재 #갤럭시 # 명품 #조화 #가까운 듯 #아가페 #승리 #파도 #강한 힘
#사랑사랑 #승리 #하나님의 진노

아래 말씀을 깊이 묵상하며 답을 해봅시다.

[눅 11:20-26]
20 그러나 내가 만일 하나님의 손을 힘입어 귀신을 쫓아낸다면 하나님의 나라가 이미 너희에게 임하였느니라 21 강한 자가 무장을 하고 자기 집을 지킬 때에는 그 소유가 안전하되 22 더 강한 자가 와서 저를 이길 때에는 저의 믿던 무장을 빼앗고 저의 재물을 나누느니라 23 나와 함께 아니하는 자는 나를 반대하는 자요 나와 함께 모으지 아니하는 자는 헤치는 자니라 24 더러운 귀신이 사람에게서 나갔을 때에 물 없는 곳으로 다니며 쉬기를 구하되 얻지 못하고 이에 가로되 내가 나온 내 집으로 돌아가리라 하고 25 와 보니 그 집이 소제되고 수리되었거늘 26 이에 가서 저보다 더 악한 귀신 일곱을 데리고 들어가서 거하니 그 사람의 나중 형편이 전보다 더 심하게 되느니라

1. 예수님께서는 자신이 하는 일을 어떻게 설명하고 있습니까? (20절)

2. 악한 마귀와 예수님은 각각 어떻게 비유되고 있습니까? (21-22절)

3. 예수님을 믿으면 예수님께서 우리 마음에서 악안 영을 쫓아내주십니다. 악한 영이 나간 후 우리 마음이 빈집처럼 되어 있으면 어떤 결과를 맞이하게 됩니까? (24-26절)

4. 우리 마음이 빈 집처럼 되게 하지 않으려면 어떻게 해야 할까요?

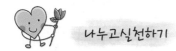

나누고실천하기

1. 다음 예화를 함께 읽어 본 후, 우리 마음을 아름답게 지켜 나가기 위해 우리가 해야 할 일은 무엇인지 나누어 보기로 해요. 우리 마음에서 치워내야 할 쓰레기는 무엇이 있을까요? 우리 마음속에 심어야 할 아름다운 꽃씨는 무엇이 있을까요?

"어떤 사람이 집 앞에 있는 넓은 빈터 때문에 골치를 앓았습니다. 왜냐하면 동네 사람들이 오고 가면서 그 빈터에 온갖 쓰레기를 가져다가 버렸기 때문입니다. 아무리 치워도 계속해서 쓰레기는 쌓여갔습니다. 경고문을 붙여도 보았지만 그 때뿐, 얼마 안 되서 또 쓰레기는 차고 넘쳤습니다. 어떻게 해야 좋을 지 한참을 고민한 끝에 마침내 좋은 생각이 떠올랐습니다. 그것은 바로 그 빈터에 꽃밭을 가꾸는 것입니다. 그는 빈터에 여러 가지 예쁜 꽃들을 심어 아름다운 꽃밭을 만들었습니다. 그러자 사람들은 더 이상 그곳에 쓰레기를 버리지 않았습니다."

2. 예수님께서 내 마음 속에 주인되어 충만하게 거하시게 하려면 어떻게 해야 할까요?

3. 요즘 우리 친구들의 마음 상태는 어떠한지요? 한 주간 동안 시간을 정해 놓고 자신의 마음을 지켜 달라고 기도하는 시간을 가져보기로 해요. 또한 다른 친구들과 짝을 지어, 함께 중보하며 기도해주기로 해요.

2과 나는 나! 남과 비교하지 말자

[가다듬기]

마귀가 사람을 가장 짧은 시간에 망가뜨리는 방법은 다른 사람과 비교하게 하는 것이라고 한다. 마귀에게 속지 않도록, 남과 비교하지 않고 각자 자신의 삶에 충실하는 법을 배워보자.

마음열기

어느 목사님이 한 지방대학에 다니는 학생에게 물었답니다. "대학생활은 재미있니?" 그러자 그 학생은 "지방대학 다니는데 무슨 재미가 있겠어요?"라고 했습니다. 이번에는 서울에 있는 대학에 다니는 학생에게 물었습니다.

"너는 그래도 서울에 있는 대학에 다니니 좋겠구나." 그러자 그 학생은 "서울에만 있으면 뭐하겠어요. 서울대도 아닌데"라고 했습니다. 이번에는 서울대학생에게 물었습니다.

"너는 서울대학교에 다니니 참 좋겠구나." 그러자 그 학생은 "서울대면 뭐하겠어요. 과도 좋지 않은데"라고 했습니다. 이번에는 서울대에서도 제일 좋은 과에 다니는 학생에게 물었습니다. "너는 정말 대학생활에 만족하겠지?" 그러자 그 학생은 "서울대 좋은 과면 뭐하겠어요. 성적이 과에서 바닥인 걸요" 그래서 그 목사님은 서울대 제일 좋은 과에서 수석하는 학생을 만나서 물어보려고 했는데, 아직 못 만났다네요. 그 학생은 어떻게 대답할지 궁금하지요? 다른 사람과 비교하면, 자신의 삶에 만족하지 못하고 불행한 삶을 살게 됩니다.

하나님과 갓톡해요!

God! 00야! 너는 자신을 볼 때 불만스러운 부분은 없니?
혹시 "왜 하나님 나를 이렇게 만들어 놓으셨어요?"라고 원망했던 부분은 없니?

 # 해시테그 _ 오늘 과에 대한 내 생각을 간단한 단어로 표현해봐요.

♡ ○ ◁   🔖

좋아요   개

말씀살피기

아래 말씀을 깊이 묵상하며 답을 해봅시다.

[마 25:14-30]
¹⁴또 어떤 사람이 타국에 갈 때 그 종들을 불러 자기 소유를 맡김과 같으니 ¹⁵각각 그 재능대로 한 사람에게는 금 다섯 달란트를, 한 사람에게는 두 달란트를, 한 사람에게는 한 달란트를 주고 떠났더니 ¹⁶다섯 달란트 받은 자는 바로 가서 그것으로 장사하여 또 다섯 달란트를 남기고 ¹⁷두 달란트 받은 자도 그같이 하여 또 두 달란트를 남겼으되 ¹⁸한 달란트 받은 자는 가서 땅을 파고 그 주인의 돈을 감추어 두었더니 ¹⁹오랜 후에 그 종들의 주인이 돌아와 그들과 결산할새 ²⁰다섯 달란트 받았던 자는 다섯 달란트를 더 가지고 와서 이르되 주인이여 내게 다섯 달란트를 주셨는데 보소서 내가 또 다섯 달란트를 남겼나이다 ²¹그 주인이 이르되 잘하였도다 착하고 충성된 종아 네가 적은 일에 충성하였으매 내가 많은 것을 네게 맡기리니 네 주인의 즐거움에 참여할지어다 하고 ²²두 달란트 받았던 자도 와서 이르되 주인이여 내게 두 달란트를 주셨는데 보소서 내가 또 두 달란트를 남겼나이다 ²³그 주인이 이르되 잘하였도다 착하고 충성된 종아 네가 적은 일에 충성하였으매 내가 많은 것을 네게 맡기리니 네 주인의 즐거움에 참여할지어다 하고 ²⁴한 달란트 받았던 자는 와서 이르되 주인이여 당신은 굳은 사람이라 심지 않은 데서 거두고 헤치지 않은 데서 모으는 줄을 내가 알았으므로 ²⁵두려워하여 나가서 당신의 달란트를 땅에 감추어 두었었나이다 보소서 당신의 것을 가지셨나이다 ²⁶그 주인이 대답하여 이르되 악하고 게으른 종아 나는 심지 않은 데서 거두고 헤치지 않은 데서 모으는 줄로 네가 알았느냐 ²⁷그러면 네가 마땅히 내 돈을 취리하는 자들에게나 맡겼다가 내가 돌아와서 내 원금과 이자를 받게 하였을 것이니라 하고 ²⁸그에게서 그 한 달란트를 빼앗아 열 달란트 가진 자에게 주라 ²⁹무릇 있는 자는 받아 풍족하게 되고 없는 자는 그 있는 것까지 빼앗기리라 ³⁰이 무익한 종을 바깥 어두운 데로 내쫓으라 거기서 슬피 울며 이를 갈리라 하니라

1. 하나님은 우리에게 서로 다른 분량의 재능들을 주셨다는 사실은 어떻게 비유되고 있습니까? (14-15절) 어떻게 생각해보면 하나님께서 사람을 차별하셨다고 불만을 가질 수도 있는데, 이에 대해 우리는 어떤 태도를 가져야 할까요?

2. 우리는 남과 비교하지 말고 각자 받은 재능대로 최선을 다해 충성해야 한다는 사실은 어떻게 비유되고 있나요? (19-23절)

3. 악하고 게을러서 재능을 땅에 묻어두기만 했던 사람은 어떤 핑계를 댔습니까? 그는 어떤 책망을 받았습니까? (24-30절)

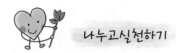

나누고실천하기

1. 다른 친구에게 부러워했던 부분은 무엇인가요? 내가 다른 친구들과 비교해서 부족한 것 같아서 속상했던 부분이 있다면 무엇인가요?

2. 다음 글을 읽어보고 우리가 정말 비교해야 할 대상은 무엇인지 나누어 봅시다.

   * 중국의 작가이며 방송인인 러지아 : "비교의식은 고통의 근원이다. 그럼에도 불구하고 비교하는 것을 멈출 수 없다면 다른 사람이 아닌 자기 자신의 과거를 비교의 대상으로 삼는 것이 유일한 해결방법이다. 세로로 비교하지 말고, 가로로 비교하라."

   * 노벨 문학상 수상작가인 헤밍웨이 : "현재 다른 사람들과 자신을 비교해봐서 다른 사람들보다 뛰어나다고 생각하는 것은 자랑거리가 되지 못한다. 진정한 자랑거리는 과거의 자신보다 뛰어난 현재의 자신이다."

3. 서로가 가지고 있는 장점들을 서로 이야기해주기로 해요. 어제의 자신에 비해 오늘 더 나아져야 할 부분은 무엇인지 서로 나누어 봅시다.

3과 내 자신을 바라보는 긍정의 눈

[가다듬기]

사람마다 자아상(self-image)을 갖고 있다. 이 자아상이란 사람이 자기 자신을 바라보는 관점이다. 마귀는 우리에게 부정적인 자아상을 갖게 만들어, 낮은 자존감 속에 불행하게 살아가게 만든다.

 마음열기

스웨덴의 복음성가 가수인 레나 마리아는 두 팔이 없고 한쪽 다리는 짧은 심각한 선천성 장애를 안고 태어났습니다. 그녀의 부모는 절망하지 않고, 그녀를 여느 정상아처럼 키우기로 결단했습니다. 레나 역시 밝고 적극적인 소녀로 자라갔습니다. 한쪽 다리로 똑바로 서는데 3년, 혼자서 옷을 입는 데까지 12년이 걸렸지만, 낙심하지 않고 끝까지 도전해서 마침내 해낼 수 있게 되었습니다. 학교 다닐 때 못된 남학생들이 "어이~ 외다리"하고 놀리면, "어이~ 양다리"하고 되받아치며, 기죽지 않고 학교생활을 해냈습니다. 나중에 레나는 장애인 올림픽 수영 4관왕, 스톡홀름 음대 현대음악과를 졸업한 음악가, 구족화가, 성가대 지휘자, 가스펠 가수, 베스트셀러 작가, 세계적인 복음 전도자가 되었으며, 멋진 남편을 만나 행복한 가정을 이루기도 했습니다. 가장 불행할 수밖에 없었던 그녀가 가장 행복한 사람이 된 것은 긍정적인 자아상 때문입니다. 그녀는 "하나님께서는 나를 사랑하십니다. 내게 장애는 하나님의 일을 하라고 하나님께서 내게 주신 특권입니다."라고 고백하고 있습니다.

 하나님과 **갓톡**해요!

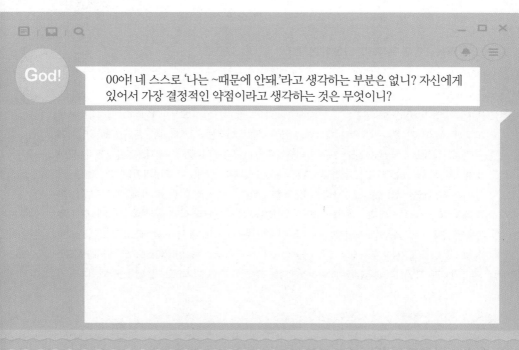

God! 00야! 네 스스로 '나는 ~때문에 안돼.'라고 생각하는 부분은 없니? 자신에게 있어서 가장 결정적인 약점이라고 생각하는 것은 무엇이니?

 # 해시태그 _ 오늘 과에 대한 내 생각을 간단한 단어로 표현해봐요.

좋아요   개

말씀살피기

아래 말씀을 깊이 묵상하며 답을 해봅시다.

[사 43:1-7]

¹야곱아 너를 창조하신 여호와께서 지금 말씀하시느니라 이스라엘아 너를 지으신 이가 말씀하시느니라 너는 두려워하지 말라 내가 너를 구속하였고 내가 너를 지명하여 불렀나니 너는 내 것이라 ²네가 물 가운데로 지날 때에 내가 너와 함께 할 것이라 강을 건널 때에 물이 너를 침몰하지 못할 것이며 네가 불 가운데로 지날 때에 타지도 아니할 것이요 불꽃이 너를 사르지도 못하리니 ³대저 나는 여호와 네 하나님이요 이스라엘의 거룩한 이요 네 구원자임이라 내가 애굽을 너의 속량물로, 구스와 스바를 너를 대신하여 주었노라 ⁴네가 내 눈에 보배롭고 존귀하며 내가 너를 사랑하였은즉 내가 네 대신 사람들을 내어 주며 백성들이 네 생명을 대신하리니 ⁵두려워하지 말라 내가 너와 함께 하여 네 자손을 동쪽에서부터 오게 하며 서쪽에서부터 너를 모을 것이며 ⁶내가 북쪽에게 이르기를 내놓으라 남쪽에게 이르기를 가두어 두지 말라 내 아들들을 먼 곳에서 이끌며 내 딸들을 땅 끝에서 오게 하며 ⁷내 이름으로 불려지는 모든 자 곧 내가 내 영광을 위하여 창조한 자를 오게 하라 그를 내가 지었고 그를 내가 만들었느니라

1. 나라가 망해서 바벨론에 포로로 끌려와 있는 이스라엘 백성들에게 하나님께서는 어떤 약속을 주십니까? (2절)

2. 하나님께서 이스라엘을 보호해주시는 이유는 무엇입니까? (1절)

3. 하나님의 눈에 이스라엘은 어떻게 보입니까? (3-4절)

4. 하나님의 백성들의 미래는 어떠할 것으로 약속되고 있습니까? (5-7절)

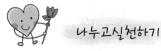

나누고실천하기

1. 자존감(자아 존중감, self-esteem)은 자기 자신을 스스로 사랑하고 존중하는 마음을 의미합니다. 즉 자신이 사랑받을 만한 가치가 있는 소중한 존재이고, 어떤 성과를 이루어낼 만한 유능한 사람이라고 믿는 마음입니다. 자존감과 관련하여, 자신은 어느 그룹에 속한다고 생각하는지, 그렇게 생각하는 이유는 무엇인지 나누어 봅시다.

   ① 자존감이 매우 높은 편이다.
   ② 자존감이 높은 편이다.
   ③ 보통이다.
   ④ 자존감이 낮은 편이다.
   ⑤ 자존감이 매우 낮은 편이다.

2. 다음 글을 읽고 자신의 자존감을 좀 더 높이기 위해 해야 할 일은 무엇인지 나누어 봅시다.

   "자존감은 성공(success)을 욕구(pretensions)로 나눈 값입니다. 이 공식에 따르면, 자존감은 성공을 늘리거나 욕구를 줄여야 커질 수 있습니다. 다른 사람으로부터든 자기 자신으로부터든 성적, 외모, 실력, 성취 등에 있어서 자기 자신의 객관적인 수준보다 지나치게 높은 수준의 성공을 요구받을 때, 자존감은 낮아집니다. 현실적으로 급속도로 성공을 늘릴 수 없다면, 적절한 수순으로 욕구를 줄일 때 자존감은 높아집니다."

4과 외모가 다는 아냐!

[가다듬기]

한창 자신의 외모에 대해 민감한 청소년기에는 그 어느 때 보다도 외모에 신경을 많이 쓴다. 마귀는 이런 점을 악용하여, 우리가 외모에만 몰두하게 만든다. 이번 과에서는 우리가 외모보다도 더 중요시해야 할 것은 무엇인지 살펴보기로 하자.

마음열기

백범 김구 선생님에 관한 이야기입니다. 김구는 과거에만 합격하면 출세할 수 있다고 생각해서 최선을 다해 공부했지만, 계속해서 낙방하고 말았습니다. 왜냐하면 그가 천민출신이었기 때문입니다. 낙심한 김구는 관상쟁이나 되야겠다고 마음을 먹고 관상학을 공부했습니다.

그런데 관상학을 통해서 자신의 얼굴을 살펴보니 최악의 관상이었습니다. 그는 너무나 화가 나서 관상책을 집어 던져버렸습니다. 그런데 던져진 관상책은 마지막 페이지가 펼쳐져 있었는데 거기에 쓰인 글귀 하나가 그의 정신을 번쩍 나게 했습니다. "얼굴 좋은 관상(觀相)은 몸이 좋은 신상(身相)만 못하고, 몸이 좋은 신상은 마음이 좋은 심상(心相)만 못하다."

큰 깨달음을 얻는 김구는 어떻게 하면 심상이 좋아질 수 있을까라고 찾다가 기독교인이 되었고, 교회학교 교사를 하던 자매와 결혼했으며, 온 국민의 사랑과 존경을 받는 독립운동가가 되었습니다. 사람에게 제일 중요한 것은 심상입니다.

God! 00야! 너는 외모가 인생의 성공과 행복에서 어느 정도의 비중을 차지한다고 생각하니?

해시태그 _ 오늘 과에 대한 내 생각을 간단한 단어로 표현해봐요.

좋아요   개

말씀살피기

아래 말씀을 깊이 묵상하며 답을 해봅시다.

[벧전 3:1-4]
¹아내들아 이와 같이 자기 남편에게 순종하라 이는 혹 말씀을 순종하지 않는 자라도 말로 말미암지 않고 그 아내의 행실로 말미암아 구원을 받게 하려 함이니 ²너희의 두려워하며 정결한 행실을 봄이라 ³너희의 단장은 머리를 꾸미고 금을 차고 아름다운 옷을 입는 외모로 하지 말고 ⁴오직 마음에 숨은 사람을 온유하고 안정한 심령의 썩지 아니할 것으로 하라 이는 하나님 앞에 값진 것이니라

1. 베드로 사도는 초대교회의 여성도들에게 어떤 권면을 하였습니까? (1a)

2. 그가 위와 같은 권면을 한 이유는 무엇입니까? (1b-2절)

3. 당시의 믿지 않는 사람들이 가장 신경을 썼던 것은 무엇입니까? (3절)

4. 예수 믿는 우리가 가장 신경을 써야 할 부분은 무엇입니까? (4절)

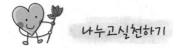
나누고실천하기

1. 각자의 얼굴에서 가장 자신 있는 부분은 어디인지, 반대로 가장 자신 없는
   부분은 어디인지 나누어 봐요. 다른 친구들의 외모에서 제일 부러운 부분
   은 어디인지 이야기해봅시다.

2. 외모지상주의 사회에서는 외모 때문에 특별대우를 받거나 차별대우를 받
   는 경우도 많지요. 사회적으로 그러한 예들은 무엇이 있을까요? 혹은 개
   인이 경험한 것이 있다면 나누어 봅시다.

3. 우리가 외모만큼이나, 혹은 외모 이상으로 소중히 여겨야 할 가치들은 무
   엇이 있는지 나누어보아요. 실제 생활 속에서 그런 가치들을 어떻게 실천
   해 나가야 합니까?

5과 주 안에서 홀로 서기

우리는 서로 서로 의지하며 신앙생활을 해야 하지만, 신앙생활이란 궁극적으로는 하나님과 자기 자신의 일 대일의 관계다. 누구의 도움이 없이도 오직 하나님만 의지하며 홀로 설 수 있어야, 견고한 믿음이 된다. 마귀 는 우리가 사람을 지나치게 의존하게 만든다. 오늘은 영적 홀로서기에 대해 생각해보자.

 마음열기

미국 캘리포니아 연안의 몬트레이 마을은 펠리칸의 천국으로 유명한 관광지였습니 다. 왜냐하면 그곳의 어부들이 쓸모없는 작 은 물고기들은 던져버렸고, 그러면 기다리 고 있던 수많은 펠리칸 떼가 몰려와 서로 먹으려고 다투는 모습이 큰 구경거리가 되 었기 때문입니다. 그런데 버려지던 작은 물 고기들을 가공해서 사료로 팔 수 있게 되자,

어부들은 더 이상 물고기를 버리지 않았습니다. 그러자 수많은 펠리칸들이 굶어죽기 시작했습니 다. 그들은 오랫동안 어부들이 버린 물고기를 먹는 데에만 길들여져 있어서, 스스로 사냥하 는 법을 잊어버렸기 때문입니다.

펠리칸의 천국이라 불리던 그곳은 이제 펠리칸의 지옥이 되었습니다. 그 모습을 불쌍히 여긴 어부들이 좋은 아이디어를 냈습니다. 멀리 떨어진 곳에서 스스로 먹이를 사냥할 줄 아는 펠리 칸 몇 마리를 가져다가 풀어놓은 것입니다. 그들이 능숙하게 물고기를 잡아먹는 모습을 본 펠 리칸들은 그제야 그들을 따라서 먹이를 스스로 사냥하여 굶주림을 면할 수 있었습니다. 펠리칸 도 그렇고, 사람도 그렇고 다른 사람을 의지하지 않고 스스로 살 수 있어야 합니다.

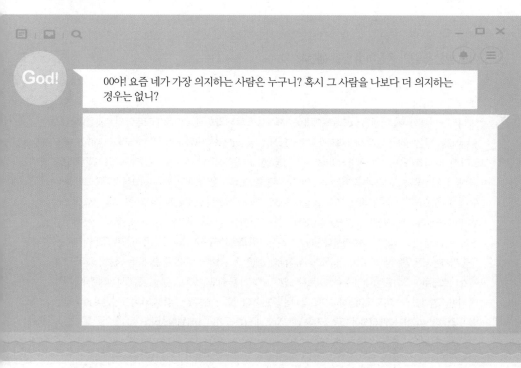

GOD TALK 하나님과 갓톡해요!

God! 00야! 요즘 네가 가장 의지하는 사람은 누구니? 혹시 그 사람을 나보다 더 의지하는 경우는 없니?

해시테그 _ 오늘 과에 대한 내 생각을 간단한 단어로 표현해봐요.

좋아요   개

말씀살피기

아래 말씀을 깊이 묵상하며 답을 해봅시다.

[요 4:7-18]

7사마리아 여자 한 사람이 물을 길으러 왔으매 예수께서 물을 좀 달라 하시니 8이는 제자들이 먹을 것을 사러 그 동네에 들어갔음이러라 9사마리아 여자가 이르되 당신은 유대인으로서 어찌하여 사마리아 여자인 나에게 물을 달라 하나이까 하니 이는 유대인이 사마리아인과 상종하지 아니함이러라 10예수께서 대답하여 이르시되 네가 만일 하나님의 선물과 또 네게 물 좀 달라 하는 이가 누구인 줄 알았더라면 네가 그에게 구하였을 것이요 그가 생수를 네게 주었으리라 11여자가 이르되 주여 물 길을 그릇도 없고 이 우물은 깊은데 어디서 당신이 그 생수를 얻겠사옵나이까 12우리 조상 야곱이 이 우물을 우리에게 주셨고 또 여기서 자기와 자기 아들들과 짐승이 다 마셨는데 당신이 야곱보다 더 크니이까 13예수께서 대답하여 이르시되 이 물을 마시는 자마다 다시 목마르려니와 14내가 주는 물을 마시는 자는 영원히 목마르지 아니하리니 내가 주는 물은 그 속에서 영생하도록 솟아나는 샘물이 되리라 15여자가 이르되 주여 그런 물을 내게 주사 목마르지도 않고 또 여기 물 길으러 오지도 않게 하옵소서 16이르시되 가서 네 남편을 불러 오라 17여자가 대답하여 이르되 나는 남편이 없나이다 예수께서 이르시되 네가 남편이 없다 하는 말이 옳도다 18너에게 남편 다섯이 있었고 지금 있는 자도 네 남편이 아니니 네 말이 참되도다

1. 예수님께서 수가 성 야곱의 우물가에서 사마리아 여인에게 물을 좀 달라고 했을 때, 그 여인이 깜짝 놀란 이유는 무엇입니까? (7-9절)

2. 예수님께서 사마리아 여인에게 어떤 샘물을 주시겠다고 약속하셨습니까? (10-14절)

3. 약속하신 샘물을 달라는 여인에게 예수님께서 갑자기 명령하신 것은 무엇입니까? 예수님과의 대화 속에서 나타난 사마리아 여인의 지금까지의 삶은 어떠했습니까? (15-18절)

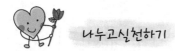

1. 사람과의 관계에서 상대방에 대해 너무 많은 것을 기대하거나 상대방을 지나치게 의존했다가 실망하거나 관계가 깨어져 낙심한 경험이 있다면 나누어 봅시다.

2. 하나님을 더욱 의지하고, 하나님과의 관계 속에서 참된 안정감을 누리기 위해 우리가 해야 할 일은 무엇이 있습니까?

3. 하나님과의 더 깊은 교제를 위해 한 주간 동안 각자의 삶 속에서 실천할 수 있는 일은 구체적으로 무엇이 있겠는지 나눠봅시다.

6과 상처의 쓴 뿌리 캐내기

우리는 살아가다보면 여러 가지 상처를 경험하게 된다. 하나님께서는 그러한 상처가 디딤돌이 되어 우리가 더욱 성숙한 믿음으로 설 수 있게 하신다. 그러나 마귀는 그것이 걸림돌이 되어 걸려 넘어지게 만든다. 우리 안에 있는 상처들을 어떻게 처리해야 할지 살펴보자.

 마음열기

미국의 스토우 부인은 어느 것 하나 부러울 것이 없는 삶을 살았습니다. 목사님 가정의 딸로 태어나 많은 사랑을 받고 자랐고, 자상한 남편을 만나 그 사이에서 딸을 낳아 기르며 행복한 생활을 했습니다. 그런데 그런 그녀에게 엄청난 불행이 찾아왔습니다. 바로 무남독녀 외동딸이 병으로 죽고 만 것입니다.

스토우 부인은 가슴이 찢어지는 것 같은 아픔 속에 딸의 장례식을 겨우 마쳤습니다.

얼마 후 그녀는 알 수도 없는 곳으로 팔려가는 딸을 바라보며, 울부짖는 한 흑인 노예 어머니를 보게 되었습니다. 노예 제도가 있던 당시 사회에서 이는 흔히 볼 수 있는 일이었지만, 얼마 전에 사랑하는 외동딸을 잃었던 스토우 부인에게는 그 어머니의 울부짖음이 남의 일 같지 않았습니다. 그래서 그녀는 흑인 노예들의 비참한 삶을 그린 '톰 아저씨의 오두막집'이라는 책을 썼고, 그 책은 온 미국을 뒤집어 놓았습니다. 그 결과 남북전쟁을 거쳐 노예해방이 이루어지게 되었습니다. 하나님께서는 우리가 받은 상처를 통해, 상처받은 수많은 사람들을 치유하는 일을 하실 때가 많습니다.

하나님과 **갓톡**해요!

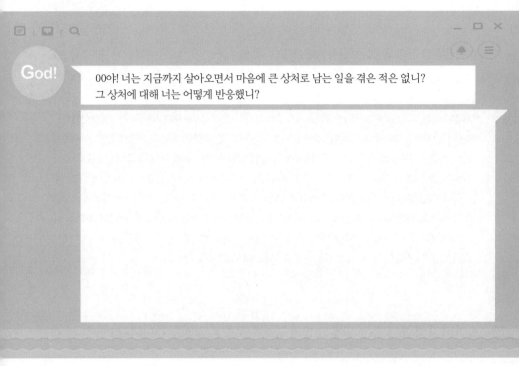

God! 00야! 너는 지금까지 살아오면서 마음에 큰 상처로 남는 일을 겪은 적은 없니? 그 상처에 대해 너는 어떻게 반응했니?

해시태그 _ 오늘 과에 대한 내 생각을 간단한 단어로 표현해봐요.

좋아요   개

말씀살피기

아래 말씀을 깊이 묵상하며 답을 해봅시다.

[창 50:15-21]

¹⁵요셉의 형제들이 그들의 아버지가 죽었음을 보고 말하되 요셉이 혹시 우리를 미워하여 우리가 그에게 행한 모든 악을 다 갚지나 아니할까 하고 ¹⁶요셉에게 말을 전하여 이르되 당신의 아버지가 돌아가시기 전에 명령하여 이르시기를 ¹⁷너희는 이같이 요셉에게 이르라 네 형들이 네게 악을 행하였을지라도 이제 바라건대 그들의 허물과 죄를 용서하라 하셨나니 당신 아버지의 하나님의 종들인 우리 죄를 이제 용서하소서 하매 요셉이 그들이 그에게 하는 말을 들을 때에 울었더라 ¹⁸그의 형들이 또 친히 와서 요셉의 앞에 엎드려 이르되 우리는 당신의 종들이니이다 ¹⁹요셉이 그들에게 이르되 두려워하지 마소서 내가 하나님을 대신하리이까 ²⁰당신들은 나를 해하려 하였으나 하나님은 그것을 선으로 바꾸사 오늘과 같이 많은 백성의 생명을 구원하게 하시려 하셨나니 ²¹당신들은 두려워하지 마소서 내가 당신들과 당신들의 자녀를 기르리이다 하고 그들을 간곡한 말로 위로하였더라

1. 아버지 야곱이 죽은 후에 요셉의 형들은 무엇을 걱정했습니까? (15절)

2. 요셉의 형들은 요셉에게 어떤 부탁을 하였습니까? (16-17절)

3. 형들을 요셉은 어떻게 위로하였습니까? (21절)

4. 요셉이 형들을 용서할 수 있었던 이유는 무엇입니까? (20절, 창 45:5 참조)

[창 45:5]

⁵당신들이 나를 이 곳에 팔았다고 해서 근심하지 마소서 한탄하지 마소서 하나님이 생명을 구원하시려고 나를 당신들보다 먼저 보내셨나이다

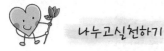

1. 지금까지 지내오면서 가장 힘들었던 일은 무엇인지, 가장 힘들게 했던 사람은 누구였는지 나누어 봅시다.

2. 다음 글을 읽고 자신의 상처를 어떻게 승화시켜 나가야 할지 나누어 봅시다.

1886년에 영국에서 한 소년이 태어났습니다. 그 소년은 뼈와 관절에 선천적인 장애를 가지고 있어서 극심한 고통에 시달려야 했습니다. 그러나 그 소년은 아버지가 말씀해주신 한 마디를 붙잡고 그 모든 어려움을 이겨냈습니다. 그는 자신과 같은 고통을 겪는 사람들을 위해 헌신하기로 마음먹고 최선을 다해 노력한 결과, 현대 외과 정형수술의 선구자요, 영국 외과학회 회장, 국제 외과학회 회장을 역임한 세계적 명의가 되었습니다. 그는 해리 플랫 경(Sir Harry Platt)입니다. 그의 아버지가 그에게 들려주었던 한마디는 "너의 상처가 별이 되게 하여라(Turn your scar into a star)."였습니다.

3. 자신의 삶 속에 믿음을 가지고 보다 더 긍정적으로 해석하고, 긍정적으로 반응해야 할 일은 무엇인지 서로 나누고, 서로를 위해서 기도하는 시간을 가져 봅시다.

7과 중독되긴 싫어!

[가다듬기]

중독이란 술이나 마약 따위를 계속적으로 지나치게 복용하여 그것이 없이는 정상적인 생활이 불가능해진 상태를 말한다. 여러 가지 악한 것들에 우리가 중독되게 하여 우리의 삶을 파괴시키는 마귀의 역사를 살펴 보고 거기에 당하지 않도록 하자.

마음열기

중독 전문가 단체인 '중독포럼'에 따르면 우리나라에는 알코올 중독자 155만 명, 인터넷 혹은 스마트폰 중독자 233만 명, 도박 중독자 220만 명, 마약 중독자 10만 명 등, 우리나라 인구 약 5,000만 명 중 618만 명이 4대 중독에 빠져 있다고 합니다. 이는 국민 8명에 1명꼴입니다.

이런 중독으로 인한 사회경제적 비용만 연간 109조 5,000억 원에 이를 정도라고 합니다. 특별히 청소년들의 인터넷 혹은 스마트폰 중독이 심각한 상태인데, 여성가족부가 전국 청소년 129만1천546명을 대상으로 조사한 결과에 의하면, 15.2%에 해당하는 19만6천 337명이 인터넷 또는 스마트폰 의존도가 지나치게 높은 '과의존 위험군'으로 진단됐다고 합니다. 기독교 상담학자인 에드워드 웰치는 중독은 영적 주권(Lordship)에 관한 문제라고 진단하고, "누가 당신의 주인인가? 하나님인가? 욕구인가?"라고 묻습니다.

중독은 우리의 영적 주권을 하나님이 아닌 우리가 원하는 중독 물질이나 행위에 내주어 버리는 우상숭배와 같습니다.

GOD TALK 하나님과 갓톡해요!

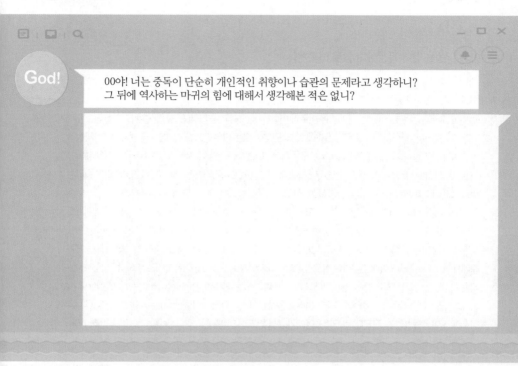

God! 00야! 너는 중독이 단순히 개인적인 취향이나 습관의 문제라고 생각하니?
그 뒤에 역사하는 마귀의 힘에 대해서 생각해본 적은 없니?

해시테그 _ 오늘 과에 대한 내 생각을 간단한 단어로 표현해봐요.

좋아요   개

말씀살피기

아래 말씀을 깊이 묵상하며 답을 해봅시다.

[마가복음 5:1-15]
¹예수께서 바다 건너편 거라사인의 지방에 이르러 ²배에서 나오시매 곧 더러운 귀신 들린 사람이 무덤 사이에서 나와 예수를 만나니라 ³그 사람은 무덤 사이에 거처하는데 이제는 아무도 그를 쇠사슬로도 맬 수 없게 되었으니 ⁴이는 여러 번 고랑과 쇠사슬에 매였어도 쇠사슬을 끊고 고랑을 깨뜨렸음이러라 그리하여 아무도 그를 제어할 힘이 없는지라 ⁵밤낮 무덤 사이에서나 산에서나 늘 소리 지르며 돌로 자기의 몸을 해치고 있었더라 ⁶그가 멀리서 예수를 보고 달려와 절하며 ⁷큰 소리로 부르짖어 이르되 지극히 높으신 하나님의 아들 예수여 나와 당신이 무슨 상관이 있나이까 원하건대 하나님 앞에 맹세하고 나를 괴롭히지 마옵소서 하니 ⁸이는 예수께서 이미 그에게 이르시기를 더러운 귀신아 그 사람에게서 나오라 하셨음이라 ⁹이에 물으시되 네 이름이 무엇이냐 이르되 내 이름은 군대니 우리가 많음이니이다 하고 ¹⁰자기를 그 지방에서 내보내지 마시기를 간구하더니 ¹¹마침 거기 돼지의 큰 떼가 산 곁에서 먹고 있는지라 ¹²이에 간구하여 이르되 우리를 돼지에게로 보내어 들어가게 하소서 하니 ¹³허락하신대 더러운 귀신들이 나와서 돼지에게로 들어가매 거의 이천 마리 되는 떼가 바다를 향하여 비탈로 내리달아 바다에서 몰사하거늘 ¹⁴치던 자들이 도망하여 읍내와 여러 마을에 말하니 사람들이 어떻게 되었는지를 보러 와서 ¹⁵예수께 이르러 그 귀신 들렸던 자 곧 군대 귀신 지폈던 자가 옷을 입고 정신이 온전하여 앉은 것을 보고 두려워하더라

1. 거라사의 광인은 오늘날 무엇인가에 중독되어 있는 사람의 모습을 연상시킵니다. 그의 삶의 특징은 무엇입니까? (1-5절)

2. 거라사의 광인이 그와 같은 비정상적인 삶을 살았던 이유는 무엇입니까? 예수님은 그를 어떻게 구원해 주셨습니까? (6-13절)

3. 예수님에 의해 구원받은 거라사의 광인은 어떻게 변화되었습니까? (15절)

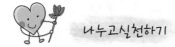 나누고실천하기

1. 주변에서 직접 보고 들은 경우, 혹은 대중매체 등을 통해서 접해본 중독 현상들은 무엇이 있는지 서로 나누어 봅시다.

2. 청소년들에게 있어서 특별히 스마트 폰이나 인터넷, 게임, 음란물, 담배 중독 등이 심각한 편인데, 중독된 경우에 나타나는 일반적인 증상들을 살펴보면서 혹여 자신에게 해당되는 부분은 없는지 나눠봅시다.

① 내성 : 동일한 시간이나 동일한 양으로는 만족되지 않아 계속해서 늘려간다.
② 금단 현상 : 하지 못하면 불안하고 불쾌해진다.
③ 의존 : 하지 않으려고 노력해보지만 결국은 하게 된다.
④ 사회적 문제 : 지각하거나 결석하는 등 사회생활에 문제가 생긴다.
⑤ 금전적 손실 : 감당하기 힘들 정도로 금전적인 손실을 보면서도 계속할 수밖에 없다.
⑥ 인간 관계 갈등 : 부모나 선생님께서 못하게 해서 관계가 안 좋아짐에도 계속한다.
⑦ 부정 : 자신은 중독된 상태가 아니라고 하면서 언제든 끊을 수 있다고 장담한다.
⑧ 기능의 감소 : 학업에 소홀해지는 등, 잘 해야 하는 일들을 잘 하지 못하게 된다.
⑨ 법적 문제 : 법적으로 문제가 되는 행동을 하면서까지도 계속해야 한다.
⑩ 대인관계의 파괴 : 대인관계의 갈등을 넘어 대인관계가 완전히 파괴되더라도 계속한다.

3. 자신의 삶 속에 더깊이 빠져들기 전에 속히 벗어나야 할 문제들은 없는지 생각해 보고 결단하고 실천에 옮깁시다.

8과 주의! 신종 우상(idol) 숭배

마귀는 과거에는 하나님의 백성들로 하여금 여러 가지 헛된 신들을 섬기게 하는 전략으로 우상 숭배를 부추겼지만, 요즘에는 사람을 신격화시켜서 추종하게 함으로써 우상 숭배하게 한다. 새로운 우상 숭배 현상인 아이돌 문화에 대해 살펴보자.

 마음열기

'우상(idol)'이란, 기본적인 의미로는 '신을 대표하거나 상징하는 것으로서, 예배의 대상으로 만들어지거나 사용되는 것'을 가리킵니다. 흔히 이방 종교에서 신상을 만들어 놓고 경배하며 섬기는 행위를 나타냅니다. 여기에서 더 확대하여 '지나치게 마음을 쏟는 대상이나 사람, 혹은 열정적인 헌신의 대상'을 가리키기도 합니다. 현대 사회에서는 대중문화의 스타들이 바로 새로운 우상이 되고 있습니다. 청소년기에 대중문화의 스타들을 좋아하는 것은 자연스러운 현상이겠지만, 문제는 '지나치게' 마음을 쏟을 때입니다. 아이돌 스타를 너무 좋아한 나머지 마치 중독이라도 된 것처럼, 다음과 같은 현상들이 나타나고 있다면 다시 한 번 자기 마음을 점검해보아야 합니다.

① 신앙생활에 지장을 받는 경우 ② 공부를 뒷전으로 미루는 경우 ③ 부모님이나 선생님 등과 마찰을 빚으면서까지 좋아하는 경우 ④ 자신의 용돈에 비해 과도하게 지출하는 경우 ⑤ 너무 좋아한 나머지 자신이 좋아하는 스타의 다른 팬들에 대해, 혹은 다른 스타의 팬들에 대해 적대감을 갖는 경우 ⑥ 사생팬이 되어 정상적인 생활을 포기한 채 스타만 따라다니며 스타의 숙소에 침입하거나 자신을 기억시키기 위해 혈서 등을 보내는 경우 등.

GOD TALK 하나님과 갓톡해요!

God! 혹시 너는 '스타를 좋아하는 것까지 죄가 되나요?'라는 의문이나 반발심 같은 것은 없니?

해시테그 _ 오늘 과에 대한 내 생각을 간단한 단어로 표현해봐요.

좋아요   개

말씀살피기

아래 말씀을 깊이 묵상하며 답을 해봅시다.

[출애굽기 20:1-6]
¹하나님이 이 모든 말씀으로 말씀하여 이르시되 ²나는 너를 애굽 땅, 종 되었던 집에서 인도하여 낸 네 하나님 여호와니라 ³너는 나 외에는 다른 신들을 네게 두지 말라 ⁴너를 위하여 새긴 우상을 만들지 말고 또 위로 하늘에 있는 것이나 아래로 땅에 있는 것이나 땅 아래 물 속에 있는 것의 어떤 형상도 만들지 말며 ⁵그것들에게 절하지 말며 그것들을 섬기지 말라 나 네 하나님 여호와는 질투하는 하나님인즉 나를 미워하는 자의 죄를 갚되 아버지로부터 아들에게로 삼사 대까지 이르게 하거니와 ⁶나를 사랑하고 내 계명을 지키는 자에게는 천 대까지 은혜를 베푸느니라

1. 하나님은 자신을 어떤 분으로 소개합니까? (1-2절)

2. 하나님께서 이스라엘 백성들에게 요구하신 것은 무엇입니까? (3-5a)

3. 하나님을 잘 섬기지 않는 사람들에게 어떤 경고가 주어졌습니까? (5b)

4. 하나님을 잘 섬기는 사람에게는 어떤 축복이 약속되고 있습니까? (6절)

나누고실천하기

1. 각자 요즘 자신이 가장 좋아하는 아이돌 스타는 누구인지, 그 이유는 무엇인지 나누어 봅시다.

2. 그 스타를 좋아해서 어떤 일까지 해 보았는지 다음의 사례들을 참고해서 나누어 보고, 이곳에 적히지 않은 다른 일이 있다면 함께 나누어 봅시다.

   ① 가수의 노래, 옷차림, 헤어스타일, 엑세서리, 말투, 행동, 제스쳐, 춤 등을 모방한다.
   ② 가수가 출연하는 프로는 놓치지 않고 본다.
   ③ 콘서트 장에 가보았다.
   ④ 기념품 등을 사본 적이 있다.
   ⑤ 자신이 그 아이돌 스타 자신이 되거나 혹은 그 스타의 연인이나 배우자가 되는 환상을 가져본 적이 있다.
   ⑥ 사진이나 기사 등을 스크랩해서 모은다.
   ⑦ 팬클럽에 가입하거나 팬레터나 선물 등을 보낸 적이 있다.
   ⑧ 생일이나 주소 등 개인정보를 수집해본 적이 있다.
   ⑨ 스타의 음악을 듣기 위해 용돈을 아낌없이 지출한다.
   ⑩ 소속사나 숙소를 방문한 적이 있다.

3. 적절한 선에서 절제할 수 있기 위해 해야 할 일은 무엇이 있을까요? 이를 위해 주변의 도움을 구하거나 하나님께 기도해야 할 일은 무엇일까요?

9과 성을 아름답게

[가다듬기]

성은 하나님께서 인간에게 주신 고귀한 선물이다. 그러나 마귀는 성을 추악한 죄로 타락시킨다. 성을 추악한 죄가 아닌 고귀한 선물로 지키기 위해 우리가 알아야 할 것은 무엇인지 살펴보자.

마음열기

최근 교육부와 보건복지부에서 중고등학생 65,528명을 대상으로 실시한 청소년건강행태 온라인 조사 통계에 따르면, 성관계 경험이 있는 학생은 중학생은 2.5%(남 3.3, 여 1.6), 고등학생은 6.4%(남 8.7, 여 3.8)로 나타났습니다. 성관계 경험이 있는 학생들의 성관계 시작 연령은 13.1세(남 12.9, 여 13.4세), 피임실천율은 51.9%(남 52, 여 51.8)로 나왔습니다. 여학생의 임신 경험율은 0.3%, 임신 중절수술 경험율은 0.2%로 나타났습니다.

성교를 한 남학생들이 그 대상자에 대해 중복 응답한 결과를 보면 여자친구나 애인의 경우가 전체의 74.7%이고 약 44%가 매매춘의 성격이 있는 윤락여성, 술집여자 등의 대상자와 성관계를 하고 있었고, 3.4%는 동성애 경험이 있었습니다. 연간 성교육 경험율은 71.9%(남 69.2, 여 74.8)이었습니다. 청소년들은 대개 성과 관련된 고민은 친구와 상의하거나 어쩔 수 없이 해결하지 못하고 방치하고 있었고, 성과 관련된 지식은 주로 친구나 대중매체를 통해 얻고 있었습니다.

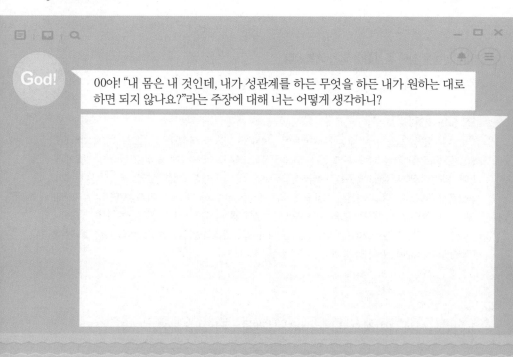

GOD TALK

하나님과 **갓톡**해요!

God! 00야! "내 몸은 내 것인데, 내가 성관계를 하든 무엇을 하든 내가 원하는 대로 하면 되지 않나요?"라는 주장에 대해 너는 어떻게 생각하니?

해시테그 _ 오늘 과에 대한 내 생각을 간단한 단어로 표현해봐요.

좋아요   개

말씀살피기

아래 말씀을 깊이 묵상하며 답을 해봅시다.

[잠 5:15-23]
¹⁵너는 네 우물에서 물을 마시며 네 샘에서 흐르는 물을 마시라 ¹⁶어찌하여 네 샘물을 집 밖으로 넘치게 하며 네 도랑물을 거리로 흘러가게 하겠느냐 ¹⁷그 물이 네게만 있게 하고 타인과 더불어 그것을 나누지 말라 ¹⁸네 샘으로 복되게 하라 네가 젊어서 취한 아내를 즐거워하라 ¹⁹그는 사랑스러운 암사슴 같고 아름다운 암노루 같으니 너는 그의 품을 항상 족하게 여기며 그의 사랑을 항상 연모하라 ²⁰내 아들아 어찌하여 음녀를 연모하겠으며 어찌하여 이방 계집의 가슴을 안겠느냐 ²¹대저 사람의 길은 여호와의 눈 앞에 있나니 그가 그 사람의 모든 길을 평탄하게 하시느니라 ²²악인은 자기의 악에 걸리며 그 죄의 줄에 매이나니 ²³그는 훈계를 받지 아니함으로 말미암아 죽겠고 심히 미련함으로 말미암아 혼미하게 되느니라

1. 하나님께서 합법적으로 허락하신 성관계는 무엇입니까? (15-17절)

2. 하나님께서 정해주신 테두리 안에서 누리는 성의 즐거움은 어떻게 설명되고 있습니까? (18-19절)

3. 하나님께서 정해주신 테두리를 벗어날 때 겪게 될 위험은 무엇입니까? (20-23절)

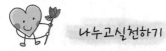
나누고실천하기

1. 성경이 말하는 거룩한 성의 조건은 '부부 관계에 있는 한 남자와 한 여자 사이에서의 인격적인 깊은 사랑과 교제의 완성으로서의 성'을 말합니다. 이러한 기준에서 볼 때, 다음의 성적 행위들은 주로 어떤 문제가 있는지 나누어 봅시다.

혼전 성관계	
혼외 성관계	
성폭행, 성추행	
포르노	
매매춘	
동성애	
수간(동물과의 관계)	
집단 성관계	
자위	
기타	

2. 자신의 미래의 배우자감이 어떠한 사람이었으면 좋겠는지 나누어 봅시다. 그리고 그런 사람의 배우자가 되기 위해, 나는 자신을 어떻게 지키며 가꾸어 가야 하겠는지 나누어 봅시다.

3. 우리가 먹는 음식을 금식하며 기도하기도 하지만, 때로는 미디어를 금식할 필요도 있습니다. 한 주간 동안 거룩하지 못한 성적인 내용을 담은 미디어들을 온전히 차단하며 지내보는 것은 어떨까요?

10과 불같은 시험 많으나

[가다듬기]
삶 속에 여러 가지 불행을 만나게 될 때, 마귀는 찾아와서 우리를 시험하며 우리의 믿음을 흔들어 놓는다. 마귀의 시험에 넘어가지 않기 위해 우리는 어떤 무장을 하고 있어야 하는지 살펴보자.

 마음열기

살아가면서 너무나 힘들고 어려운 불행한 일들을 겪었지만, 그 가운데서도 하나님을 원망하지 않고 오히려 찬양으로 영광을 돌린 믿음의 사람들이 많이 있습니다.

스펫포드(H. G. Spafford) 집사님은 변호사이자 사업가였는데, 시카고 화재로 전재산을 잃었고, 질병으로 외아들을 잃었으며, 파선사고로 네 딸들을 모두 잃는 비극을 겪었습니다. 그러나 그는 그 와중에도 "내 평생에 가는 길 순탄하여 늘 잔잔한 강 같든지 큰 풍파로 무섭고 어렵든지 나의 영혼은 늘 편하다. 저 마귀는 우리를 삼키려고 입 벌리고 달려와도 주 예수는 우리의 대장 되니 끝내 싸워서 이기겠네!"라고 찬양했습니다(찬송가 470장).

슈몰크 목사님은 화재로 두 아들을 잃고도 "내 주여 뜻대로 행하시옵소서. 큰 근심 중에도 낙심케 마소서. 주님도 때로는 울기도 하셨네. 날 주관하셔서 뜻대로 하소서."라고 찬양했습니다(찬송가 431장). 가장 힘들고 어려울 때, 우리의 참 믿음은 빛을 발합니다.

하나님과 갓톡해요!

God! 00야! 너는 어떻게 해서 믿음을 갖게 되었니? 네가 믿음을 갖게 된 통로는 무엇이니? 네 믿음이 견고하게 서게 하는 기초는 무엇이라고 생각하니?

해시테그 _ 오늘 과에 대한 내 생각을 간단한 단어로 표현해봐요.

♡ ○ ◁   ▯

좋아요　　개

아래 말씀을 깊이 묵상하며 답을 해봅시다.

[욥 23:10-12]

¹⁰ 그러나 내가 가는 길을 그가 아시나니 그가 나를 단련하신 후에는 내가 순금 같이 되어 나오리라 ¹¹ 내 발이 그의 걸음을 바로 따랐으며 내가 그의 길을 지켜 치우치지 아니하였고 ¹² 내가 그의 입술의 명령을 어기지 아니하고 정한 음식보다 그의 입의 말씀을 귀히 여겼도다

1. 욥의 평소의 신앙생활은 어떠했습니까? (11절)

2. 거듭되는 불행 속에서도 욥은 어떤 고백을 하였습니까? (10절)

3. 욥의 초인적인 신앙의 저력은 어디에서 비롯되었습니까? (12절)

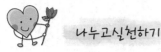
나누고실천하기

1. 주로 언제 성경을 읽는지 서로 나누어 봅시다. 66권의 성경 중에 최근에 읽었던 성경은 무엇인지요? 66권의 성경 중에 가장 은혜가 되었던 것은 무엇이었습니까?

2. 말씀을 읽는 것도 좋지만, 말씀을 암송하는 것은 더욱 좋습니다. 내가 암송하고 있는 말씀은 마귀로부터 공격을 받는 영적으로 위급한 순간에 즉시 꺼내서 쓸 수 있는 비장의 무기와도 같습니다. 어려울 때 힘이 될 만한 말씀들을 찾아서 친구들에게 서로 메모지에 적어주고 한 주간 동안 함께 외워보는 것은 어떨까요?

[이사야 41:10]
10 두려워하지 말라 내가 너와 함께 함이라 놀라지 말라 나는 네 하나님이 됨이라 내가 너를 굳세게 하리라 참으로 너를 도와 주리라 참으로 나의 의로운 오른손으로 너를 붙들리라

[고후 4:6-7]
6 아무 것도 염려하지 말고 다만 모든 일에 기도와 간구로, 너희 구할 것을 감사함으로 하나님께 아뢰라 7 그리하면 모든 지각에 뛰어난 하나님의 평강이 그리스도 예수 안에서 너희 마음과 생각을 지키시리라

11과 이단은 이단 옆차기로

[가다듬기]

마귀는 마지막 때가 될수록 온갖 이단, 사이비 종교들을 통해, 사람들의 영혼을 미혹한다. 이단들은 정통 교리에 어긋나는 것을 가르치고 믿는 사람들을, 사이비는 겉은 비슷하지만 본질은 다른 가짜들을 가리킨다. 그들에게 당하지 않도록 우리는 더욱 영적인 경각심을 가져야 할 것이다.

 마음열기

대한예수교장로회 이단사이비 대책위원회는 최근 '교회를 위협하는 세력들에 대한 대처방안'이라는 주제로 세미나를 열었습니다. 그곳에서 발제된 내용들은 이단들의 심각성에 대해 다음과 같이 경고하고 있습니다.

"한국교회 성도 860만 명 가운데 이단의 숫자가 최소한 100만 명이 된다. 이단에 빠진 교인들은 일반교인들에 비해 헌금, 출석, 전도 등의 열심 면에서 약 4배의 힘을 보이고 있기 때문에 이 100만 명의 교인은 일반교인 400만 명의 힘을 과시하고 있다.

그래서 앞으로 약 50만 정도만 더 이단에 빠져들게 된다면 한국교회는 돌이킬 수 없을 정도의 커다란 위기를 맞게 될 것이다. 지금 한국에는 2천년 기독교 역사상 가장 많은 이단들이 성행하고 있다. 현재 밝혀진 이단만 100여종이고, 공개적으로 밝혀지지 않은 이단까지 더하면 약 150여종이나 된다."

하나님과 갓톡해요!

God! 00야! 너는 우리나라에 유독 이단, 사이비가 많은 이유는 무엇이라고 생각하니?

해시테그 _ 오늘 과에 대한 내 생각을 간단한 단어로 표현해봐요.

♡ ○ ◁   ⊓

좋아요   개

말씀살피기

아래 말씀을 깊이 묵상하며 답을 해봅시다.

[마 7:15-23]

15거짓 선지자들을 삼가라 양의 옷을 입고 너희에게 나아오나 속에는 노략질하는 이리라 16 그들의 열매로 그들을 알지니 가시나무에서 포도를, 또는 엉겅퀴에서 무화과를 따겠느냐 17 이와 같이 좋은 나무마다 아름다운 열매를 맺고 못된 나무가 나쁜 열매를 맺나니 18좋은 나무가 나쁜 열매를 맺을 수 없고 못된 나무가 아름다운 열매를 맺을 수 없느니라 19아름다운 열매를 맺지 아니하는 나무마다 찍혀 불에 던져지느니라 20이러므로 그들의 열매로 그들을 알리라 21나더러 주여 주여 하는 자마다 다 천국에 들어갈 것이 아니요 다만 하늘에 계신 내 아버지의 뜻대로 행하는 자라야 들어가리라 22그 날에 많은 사람이 나더러 이르되 주여 주여 우리가 주의 이름으로 선지자 노릇 하며 주의 이름으로 귀신을 쫓아 내며 주의 이름으로 많은 권능을 행하지 아니하였나이까 하리니 23 그 때에 내가 그들에게 밝히 말하되 내가 너희를 도무지 알지 못하니 불법을 행하는 자들아 내게서 떠나가라 하리라

1. 이단들은 본질적으로 어떤 존재들입니까? (15절)

2. 이단은 어떻게 구별할 수 있습니까? (16-20절)

3. 이단들은 마지막에 어떤 심판을 받습니까? (19, 21-23절)

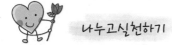

나누고실천하기

1. 혹시 주변에 이단에 빠진 사람들이 있었다면, 그들이 이단에 빠진 이유는 무엇인지, 그들의 신앙생활의 특징은 무엇인지, 이단에 빠진 결과는 어떻게 되었는지 등에 관해 함께 나누어 봅시다.

2. 이단들은 주로 다음과 같은 특징을 갖고 있습니다. 잘 분별하여 속지 않도록 주의해야겠습니다.

① 삼위일체 하나님에 관한 정통 교리를 부분적으로, 혹은 전체적으로 부정하거나 왜곡한다.

② 특정 교주를 신격화 한다.

③ 성경 외에 자신들만의 경전을 내세우거나, 직통 계시 등을 주장한다.

④ 정통교회에는 구원이 없고 자신들에게 들어와야만 구원을 받는다고 주장한다.

⑤ 기적, 환상, 치유 등을 지나치게 강조하여 신비주의로 이끈다.

⑥ 시한부 종말론을 주장한다.

⑦ 건전한 가정생활, 직장생활, 학교생활에 지장을 준다.

⑧ 물질적으로나, 성적으로 타락한 모습을 보인다.

⑨ 성도들을 교회 밖의 비밀스러운 모임이나 성경 공부 등으로 유도한다.

⑩ 축복이나 저주 등을 내세워 신자들을 헌신하도록 협박하거나 강요한다.

3. 한 주간 동안 주요 정통교단들에서 이단, 사이비로 정죄한 집단들은 무엇이 있는지 각자 한 가지씩 찾아보고, 그들이 이단으로 정죄 받는 주요 이유들은 무엇인지 알아보도록 합시다.

12과 자살? 살자!

[가다듬기]

마귀는 여러 가지로 역사하지만 가장 크고 무서운 역사는 사람으로 하여금 자살하게 만드는 것이다. 자살은 사람이 지을 수 있는 죄 중에 가장 심각한 죄다. 자살을 부추기는 마귀의 역사가 갈수록 강해져가는 요즘 우리는 깨어서 마귀의 역사에 대적해야 한다.

마음열기

중앙자살예방센터에서 발간한 자살예방백서에 따르면, 우리나라는 매년 1만 3천명이 넘는 사람들이 자살로 생을 마감한다고 합니다. 이는 하루에 35명 이상이 자살로 목숨을 끊는다는 것입니다. 만일 사람 35명을 태운 버스가 절벽에서 떨어져 타고 있던 사람이 모두 죽는 사고가 매일 반복된다면 아마 온 나라가 난리가 날 것입니다.

그러나 자살로 인해서 하루에 35명씩 죽어가고 있는 것은 사람들이 별 관심을 갖지 않습니다. 어떤 유명한 사람이나 자살하면 잠깐 관심을 가질 뿐, 얼마 지나지 않아 곧 잊어버리고 맙니다. 지금 이 시간에도 어느 곳에선가는 매일 매일 수십명의 사람들이 극단적인 선택을 하고 있습니다.

우리나라의 인구 10 만 명당 자살률은 26.5명으로 OECD 가입국 중에서 1위의 불명예를 안고 있습니다. 특별히 10대 이하 자살자는 245명으로 10만 명당 자살률은 2.3명, 20대는 1,087명으로 10만 명당 자살률은 16.4명입니다. 자살은 청소년 사망원인 1위를 차지하고 있습니다.

GOD TALK 하나님과 갓톡해요!

God! 00야! 많은 청소년들이 자살충동을 느낀 적이 있다고 하는데, 혹시 너는 죽고 싶다는 생각을 해본 적은 없니?

해시태그 _ 오늘 과에 대한 내 생각을 간단한 단어로 표현해봐요.

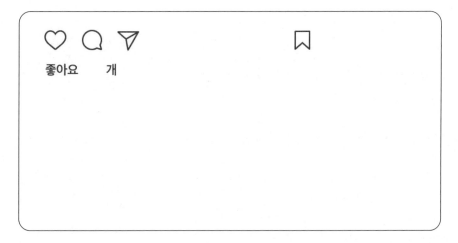

좋아요   개

말씀살피기

아래 말씀을 깊이 묵상하며 답을 해봅시다.

[마 27:1-5]
¹ 새벽에 모든 대제사장과 백성의 장로들이 예수를 죽이려고 함께 의논하고 ² 결박하여 끌고 가서 총독 빌라도에게 넘겨 주니라 ³ 그 때에 예수를 판 유다가 그의 정죄됨을 보고 스스로 뉘우쳐 그 은 삼십을 대제사장들과 장로들에게 도로 갖다 주며 ⁴ 이르되 내가 무죄한 피를 팔고 죄를 범하였도다 하니 그들이 이르되 그것이 우리에게 무슨 상관이냐 네가 당하라 하거늘 ⁵ 유다가 은을 성소에 던져 넣고 물러가서 스스로 목매어 죽은지라

1. 예수님을 배반하여 은 30냥에 팔아버린 가룟 유다는 나름대로 양심의 가책을 느껴 어떤 일을 했습니까? (3절)

2. 잠깐 후회는 했지만, 가룟 유다는 결국 어떤 선택을 하고 말았습니까? (4-5절)

3. 그는 어떤 비참한 결과를 맞이하게 되었습니까? (행 1:18 ; 막 14:21 참조)

[행 1:18]
¹⁸ 이 사람이 불의의 삯으로 밭을 사고 후에 몸이 곤두박질하여 배가 터져 창자가 다 흘러 나온지라

[막 14:21]
²¹ 인자는 자기에 대하여 기록된 대로 가거니와 인자를 파는 그 사람에게는 화가 있으리로다 그 사람은 차라리 나지 아니하였더라면 자기에게 좋을 뻔하였느니라 하시니라

4. 예수님을 세 번이나 부인했던 베드로와 주님을 버리고 다 도망가 버렸던 제
   자들은 가룟 유다와 달리 어떤 선택을 했습니까? (행 1:13-14 참조)

[행 1:13-14]
13 들어가 그들이 유하는 다락방으로 올라가니 베드로, 요한, 야고보, 안드레와 빌립, 도마와 바돌로매, 마태와 및 알
패오의 아들 야고보, 셀롯인 시몬, 야고보의 아들 유다가 다 거기 있어 14 여자들과 예수의 어머니 마리아와 예수의
아우들과 더불어 마음을 같이하여 오로지 기도에 힘쓰더라

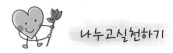
나누고실천하기

1. 사람들은 왜 자살을 선택하게 될까요? 자살은 왜 큰 죄가 되는지 자기 생각을 나누어봅시다.

2. 최근에 유명 정치인이나 연예인들의 자살 소식들은 사회에 큰 충격을 주고 있습니다. 그런 소식들을 들을 때 우리는 어떤 반응을 보여야 합니까?

3. 주변에 우리가 더욱 따뜻한 관심과 그리스도의 사랑을 가지고 돌아보아야 할 영혼들은 없는지 살펴보아야 합니다. 혹시 여러 가지 어려운 환경들 속에 소외된 친구가 있다면, 한 주간동안 사랑으로 섬기도록 합시다.